내 보물찾기

내 보물찾기

이든시인선 147

샘물 **주은희** 제3시집

아드북

| 시인의 말 |

지난 시간을 돌아보는 것은
나이든 때문일까요?
꼭 그것만은 아니겠지요
좀 더 먼 곳을 넓게 바라보고
좌우를 살펴도 보며
인생을 깊이 있게 살지 못한 회한인지도……

철없이 지나온 모든 선택과 나의 길
바로
그 순간과 시간들이
다 보물이었던 걸
이제야 알고
주어진 오늘 또 보물을 찾아 누릴 기쁨을
이 시집을 읽는 당신과
같이 나누고 싶습니다.

2024. 가을에
주은희 드림

| 차례 |

● 시인의 말 ──────── 5

제1부

강(江) ──────── 13
여름은 ──────── 14
한(恨) ──────── 15
항해 ──────── 16
화무십일홍 ──────── 18
11월 ──────── 19
편지 왔어요 ──────── 20
내 보물찾기 ──────── 22
왕벚꽃 ──────── 23
아침 ──────── 24
자목련 ──────── 26
입춘 ──────── 28
조약돌 ──────── 30
청춘 ──────── 31

제2부

마가 Mark —— 35
아말렉 —— 36
기도 —— 38
지금 —— 39
85세 갈렙 —— 40
거울 —— 41
돌아본다 —— 42
안내자 —— 43
회복 —— 44
주님의 시간 —— 45
믿음 따로 기도 따로 —— 46
울었더라 —— 48
기억하소서 —— 49
고난 독후감 —— 50
갈증 —— 51
초청장 —— 52
구하라 —— 53
여호와 삼마 —— 54
임마누엘 —— 55
기억하라 —— 56

제3부

아기는 선생님 —————— 59
나랑 같네 —————— 60
병원 시여 —————— 61
말 배우기 —————— 62
꽃봉오리 둘 —————— 63
아기 잠 —————— 64
잠투정 —————— 65
벌써 그리움 —————— 66
품안의 자식 —————— 68
용서해 주세요 —————— 70
서초의 밤 —————— 72
엄마 —————— 74
들러리 —————— 76
엄마 손 —————— 78
큰언니 —————— 80
예순 언저리 —————— 82

제4부

차차	85
지팡이	86
제 대신 화관	88
구별	89
아침 기도	90
묵상	91
눈을 뜨면	92
확신	94
문	95
서러움	96
큰 大자	97
왜?	98
하룻길	99
팔월 끝자락에	100
다시는	101
지금도 두목	102
약속	104
이별	105

제5부

너그러움 —— 109
밤눈 —— 110
이제는 —— 111
엊그제 —— 112
질문 있어요 —— 114
루틴 —— 115
한밭 大田 —— 116
2024 여름 —— 117
무박산행 —— 118
이별의 곡 —— 120
서로 다른 시공 —— 122
우리의 소원은 —— 123
즐거움 —— 124
입 —— 125
꽃다발을 드립니다 —— 126
직원 여행 —— 128
인생 —— 129
축제 —— 130

●해설● 도한호 시인 —— 131
주은희 시에 나타난 생략과 침묵의 의미

제1부

강江

흘러간 강물은
돌아오지 않는다
곧게 가다
휘돌기도 하고
엎어져 솟구치다
뒤엉켜 간다
자갈돌 지고 가다
모래도 업고 간다
그저
실바람 품에 고요로도 간다
뒤돌아 보지 않고
쉬임 없이
오직 한 길
바다로……

흘러간 강물은
돌아오지 않는다.

여름은

슬며시 여름은
꼭 쥐고 있던
가을을 내어 준다

은행잎엔 노란 가을 옷
푸라타나스엔 가을색 물감 주고
비를 머금은 구름에겐
차가운 눈물이슬
힘 잃은 햇살엔 빈 벤치를

휑한 가슴앓이 내겐
그저
말없이
가랑잎 하나
툭…

한恨
— 덕혜옹주

아픔도 신음도
보이지도 들리지도 않고
출렁출렁 흐느껴
바다는 푸른 눈물만 흘렸다

초롱초롱한 눈
빛나는 총기
귀하디 귀한 사람
사람 노릇을 못 하고

생각도 삶도 녹아든 바다
시간만 싣고 달려와
출렁출렁 흐느껴
바다는 푸른 눈물만 흘렸다.

항해

뒤엉켜 밀려오는 큰 파도
끝없이 몰아칠 때
철없는 남편
노쇠한 어머니
그리고
나만 바라보는 두 딸
맨발로
나의 작은 배를 저어야 했다
어린 신부 혼자
자빠지지 않게
넘어지지 않게

긴 긴 항해를 마치고
이제야
항구에 닿아
긴 숨 쉬며
눈을 크게 뜨고
솜이불을 덮고 보니

작은 배
그 안에
나만 남았네.

화무십일홍

열흘 붉은 꽃은 없다는데
은퇴 후
수면, 식사 등 필수 13시간 쓰면
그럼 내 시간은 하루 11시간!
쉼, 기분전환, 건강, 자아실현…
제2의 붉은 꽃을 피운다
지적 추구로 시쓰기, 영어공부, 독서
능력개발로 연주, 댄스
운동으로 수영, 헬스, 걷기, 체조
사회활동으로 교회, 친구, 봉사
화무십일홍이라 하니
오늘 나의 11시간도
붉을 때
더 붉게 살아야지.

11월

툭 투둑
창문을 두드린다
툭 투둑
11월

혼자 오기 부끄러워
가을비 데리고 와
툭 투둑

눈도 아닌
비를 데리고 온 11월
툭 투둑
내 마음을 두드린다

저어
11월입니다
비랑 같이 왔는데…
들어가도 되나요?

편지 왔어요

띵동
편지 왔어요
그립던 친구네
우체통이 아니고
휴대폰에 오는 소식
봉투도 우표도
주소도 번지수도 필요 없다
이 세상 오직 하나뿐인 전화번호로
편지를 대신하는 카톡
편지 쓰지 않는 것은 아쉽지만
자주 소식을 주고받는 것은 좋아라

그래도 가끔은 편지를 쓴다
마음을 담는다
주소를 쓰고 이름 석자를 쓰면
마음은 이미 거기 가 있지
편지 왔어요
따순 내용 익숙한 글씨체

시대는 변해도
마음은 풍선
파도처럼 출렁이는 보내는 기쁨
산들바람처럼 반가운 받는 마음.

내 보물찾기

고통도 이리 아름답다면
고통도 고운 것이다
서럽고 아픈 날도 흘러가면
빛나는 것
흐르는 건 세월 만이 아니다
마음도
흐르고 흘러
모두 곱다

모두
이리 곱다면
모두
이리 빛이 난다면
인생이 다
보물인 줄 알았더라면
그렇게
아파하지 말 것을
그렇게
눈물 흘리지 말 것을……

왕벚꽃

시들지도 않았건만
송이째 툭
떨어져 누운 왕벚꽃
분홍빛 얼굴 그대로인데
어이 누웠니?
봄바람 따라 나고 피어
그만큼 웃고는 떠나는거니?

아름답다
곱다
이쁘다
짧은 젊음
일기에 써서 접어 놓으렴
내년 후년
다시 피어
펼쳐보게.

아침

느릿느릿 녹차향 퍼질 때
넓은 창에서 날 부르는 해
살며시 열어주니
바삐 들어와
듬뿍 내 얼굴 손 온 몸에
마구 비벼대네

슬쩍 해 뒤에서
기다리던 아침바람
스르르 따라와
내 옷 깃
금방 품 속 깊이
나를 감싸네

아침은
이리 귀한 것들을
아낌 없이 쏟아부어
하찮은 나에게 나에게

듬뿍 아낌 없이 안겨주네

값없이
변함없이
그 누구도 흉내낼 수 없는 선물
한아름.

자목련

낙환들 꽃이 아니랴
쓸어 무삼 하리요
목련이 진다
백목련보다 늦은 자목련
늙은 기생처럼
시들고 축 늘어져
속보이는 꽃잎

어여쁜 아가씨
고운 처녀
찬사로 피었던 날
얼마지 않아
처참히 갈변한 꽃
비껴가는 봄

색시로 와서는
능구렁이처럼
길바닥 훑는다

그래도
한 번은 웃었다
한 번은 펴보았다
피끓는 정열 바쳐보았다.

입춘

움틀라
겨울 눈이 아니네
하늘 저 깊은 속에서
이미 너에게 녹아버린 사랑
숨길 수 없네
사랑 움틀라

오를라
뿌리 깊은 속
심호흡으로 두근대는 숨
가라앉혀보나
이미 빨아올린 봄물
감출 수 없네
물 오를라

웃을라
숨기려해도
봄바람타고 먼저 달려간 마음

딴 곳 바라보는 척하나
참을 수 없네
꽃피어 활짝 웃을라……

조약돌

그렇게 깨어져야지
오래오래 걸어야 하니
걷고 밀리고
함께였다가 혼자였다가
그렇게 쓸리고 밀려
셀 수 없는 곤두박질
수천 수만 번 숨막히는 물구덩
이제 모래틈에 누워 돌아갈
나
조약돌.

청춘

내 나이 칠십고개 넘어왔어도
청춘
오늘은
오늘의 꿈이 있으니
나는 청춘

붉고 또 검붉은 단풍
여름내내 하도 울어 붉어진 눈
아름다움만 남기고
대신 떠나주는 가을

그러나 다시 올 봄을 아는 가을
그 꿈을 가지고 오늘을 가는 가을
가을 너도 청춘
꿈을 가진 가을도
꿈을 가진 나도
청춘.

내 삶에
내 앞에
실상으로 보여주시네
더디더라도
증거로 안겨주시네.

제2부

마가 Mark

급하다 급해
베드로를 잃고
바울까지 잃은 이들이여
복음의 시작이야
새롭고 진정한 복음의 시작이야

반드시 복음이 승리한다니깐
꼭 새롭게 된다구!
시작은 꼭 끝이 있어요
반드시…
급하다 급해.

아말렉

복병은 싫어
내 가장 약한 곳
비겁하게 건드려
야비하게 비웃어
고약하게 쏘아서
날 쓰러뜨려요

초조해지면 안돼
기도로 풀어야 해
영적 집결로
대결하자

복병은 싫어
아말렉은 끈질겨도
주님을 두려워하지 않는 자는
두려워하지 말자
모세의 팔을 올려 잡아준
아론과 훌을 찾아

함께 지키자
같이 물리치자.

기도

천사들
내 기도를 향로에 담아
들고
보좌 앞 금단에 올려드릴 때

주님
응답하시어

내 삶에
내 앞에
실상으로 보여주시네
더디더라도
증거로 안겨주시네.

지금

건강할 때 주님을 기억하게 하소서
지금 주님을 부르게 하소서
걸을 수 있을 때
말할 수 있을 때
만날 사람이 있을 때
먹고 마시며 웃을 수 있을 때
용서할 수 있을 때
작더라도 무언가 할 수 있을 때

지금
창조주를 기억하게 하소서
거룩한 습관이
몸에 배게 하소서.

85세 갈렙

40에 용감한 정탐 후
믿음의 보고를 필하고
다시 광야에서
45년 장군으로 순종하다가

85세에 하는 말
40때나 이제나 일반이라 장담하며
열악한 땅 헤브론에 지도자로 섰다

그 믿음
그 축복
그 용기를
연약하디 연약한
내게도 주소서
나에게도 허락하소서.

거울

내가
나를 본다

지혜롭게 생각하는 사람인가
절제하는 사람인가
마음의 변화를 받은 사람인가

한나처럼
하나님 앞에
나의 심정을 통하는 사람인가

주님 손을 잡고
무어라 하시나 항상 들으며
같이 걷고 사는 사람인가

매일 매시
내가
나를 본다.

돌아본다

두렵고 떨림으로
구원을 이루는가
돌아본다

겉 사람은 후패하나
속은 날로 새로운가
돌아본다

탐욕의 늪 빠지기 직전
꺼내주신 주님 손
돌아본다

어둠 죄 사망을 물리쳐주신
신령한 빛 내게 함께 계신가
돌아본다

성소 안에 있는 나의 복
귀하신 주의 행적을 전파하나
돌아본다.

안내자

여호와가 복 주시는 곳에
머물게 하소서
거기서 복의 통로가
되게 하소서

내 눈이 밝아져
광야에서 눈이 되게 하소서
빛을 따라
어둔 길 안내자가 되게 하소서

겸손한 조력자로
서게 하소서
주님의 향기로
안내하게 하소서.

회복

머리를 들게 하시네
37년 옥살이 풀려나
정량 필요대로 평생 공급 받은
여호야긴
적장이 친절히 말하게 하시고
붙들고 있는 언약대로
회복하시네
베옷 입고 재에 앉은 자
37년 만에
회복의 기적을 베푸시네.

주님의 시간

40년 왕자로
무서운 것 두려운 것 겁나는 것 없어
하늘까지 솟은 교만
살인으로 낮추시다

40년 목자로
광야의 도망자
숨어도 모를 안개 속 사람
들숨 날숨으로 살다

40년 지도자로
하나님 이끌려
영원 그 중간에 있는 모세의 시간
120년.

믿음 따로 기도 따로

깨어진 줄 알았다
부서진 줄 알았다
낙심과 절망이 요동치며
가슴을 파고 또 후벼파고
하늘도 벽도 사방 팔방 캄캄한 어둠

하루가 아니다
이틀이 아니다
많은 밤
숱한 날
부서진 조각
깨어진 조각 붙들고
울었다 울부짖었다

기다리지 못하고 울었다
응답 없다 투정부리며 울었다.
몸부림 치며 울었다
울부짖으며 기도는 하면서

믿음 없어 울었다
믿음 없이 울었다
이렇게 다 이루어주셨는데……

울었더라

세상을 향한 삼손
압살롬의 긴 머리
하만의 자랑
물고기 뱃속의 요나
계산 빠른 가룟인 유다
우직한 베드로 세 번의 부인

다 바로 접니다
다 제 모습입니다
흐르는 눈물
울었더라
울었더라.

기억하소서

이름 없이 빛도 없이
알아주는 이 없이
섬기던 그 열심을
크고 편하고 좋은 교회 놔두고
힘들고 약한 개척교회
잠시라도 비우면 빈 자리가 크던 교회
분주한 일상 핑계 안 대고
시간 물질 아낌 없이 드린
그 희생과 사랑과 헌신을
기억하소서
그리고
그 섬김을
천국 기념책에 꼬옥 기록해 주소서
그 이름들을 축복하시고
그 자녀를
그 자자손손을
대대로
기억하여 축복하소서.

*작은 개척교회 섬겨주신 귀한 분들을 위한 기도(감람장로교회)

고난 독후감

고난의 의미를
깨닫지 못한다면
고난을 낭비한 것이다

고난이 하나님의 선한 계획임을
믿지 않는다면
고난을 낭비한 것이다

하나님보다 고난 이기기에
더 집중한다면
고난을 낭비한 것이다

나의 고난으로
예수님의 영광을 증거하지 않는다면
고난을 낭비한 것이다.

갈증

알지 못한 길
보지 못한 세계
뜻하지 않은 것들로
큰 상처
심한 고통에
늘 목말라

길고도
거룩한 갈증 후
내 속을 변화시키셨다

더 겸손하게 하시고
어울려 섬기게도 하시고
거울로 나를 바라보게 하시고
용서 받은 대로
용서하게 하셨다.

초청장

오! 나를 초대하다니!
자격도 안 되는데
정말 나 응해도 되네?
얼른 씻고
더러운 옷 갈아입고
신발도 벗고
발 다시 닦고
거기 가야겠다

어! 나를 초대하다니!
난 알지도 못하는 거기 싫어
내겐 필요 없어
여기 이 세상이 좋은걸
지금 이게 더 좋아
눈에 보이는 게 더 먹음직해
이게 탐스러워
더.

구하라

원하는 대로 구하라
기도의 사람처럼
성령 내 안에 계시니
믿음의 사람이라면
원하는 대로 구해야지

내 이름으로 구하라
내가 길이라 하시니
간곡히 기도 올려드릴 때
내 이름으로 구하라시네
총알기도도
화살기도도
급히 올릴 때
내 이름으로 구하라시네.

여호와 삼마

동문으로 떠난 하나님의 영광
동문으로 돌아올지어다

새 언약으로 맺으시어
새 영을 부으시며
부드러운 마음까지 주시더니

마른 뼈 골짜기에
살아난 생기로
이 뼈 저 뼈로 군대를 만드시네

강가 나무엔 과일이 약재로
바다엔 고기로 회복하시니
여호와 삼마
주님 거기 계시네.

임마누엘

내 앞에 에덴이 보입니다
줄로 재어준 구역이 실로 아름답습니다
터전 안에 가득한 평안이 포근합니다
내 분깃을 울타리 안에 지키십니다
밤마다 내 양심이 나를 교훈합니다
영혼도 살피시고
내 뜻 내 양심을 단련시키시고
여호와를 내 앞에 모시니
눈을 마주치며
오른손 잡아 이끄십니다
기가 막힐 웅덩이에서 건지시고
생명의 길을 보이십니다
에덴이 보입니다
오늘 또 내 앞에 에덴이 보입니다.

기억하라

이디오피아 간다게 내시
그 한 명의 구원을 위해
이스라엘 사막
광야
가장 뜨거운 시각
정오에 보내어진
빌립 그 한 사람을
기억하라.

광야에서 열리는
작은 새로운 시작
놀라운 길
예측할 수 없는
끝없이 퍼져나가는
그 하늘 길을 기억하라.

제3부

아기는 선생님

억지로 웃어야만
생기는 미소
평생 강 건너다 웃음 잃은 할머니
그냥 웃고
보면 웃고
자꾸 웃고
또 웃는 아기 예온

할머니에게 가르친다
말도 할 줄 모르면서
나 따라하세요
그냥 웃고
보면 웃고
자꾸 웃고
또 웃는 아기 예온.

나랑 같네

걸음마보조기 끌며
몇 걸음 떼곤
엄마 쪽 바라보며
"크응!"
나 좀 봐줘요
이거 밀며 걷잖아요
나 걷는 거 봐요
갓 돌 지나 말은 못해도
마음은 있어
"인정 받고 싶어요"
한 살 인데 인정받고 싶은 건
나랑 같네…

병원 시여

폐렴으로 입원 퇴원
열성 경련으로 입원 퇴원
이어 수족구로 입원 퇴원

한 달 사이
세 차례나 병치레
입원 퇴원

잘 먹고
잘 놀고
잘 자던 두돌 지난 예온
병원 신세 지더니
병원 시여
병원 시여
병원이 뭔지를 배웠다
병원 싫은 것까지 배웠다.

말 배우기

27개월 예온
새로 배운 한마디 말
안대

밥 조금 더 먹자
안대

치카치카하자
안대

목욕하자
안대

이제 코 자자
안대

할머니 집에 간다
안대.

꽃봉오리 둘

120명 연합성가대와
마음 모아 부르는 어린이주일 찬양
쏠로 이쁘게 부르는
나의 손녀 꾀꼬리 예나
바라만 보아도 이쁜데
강단에 올라 함께 찬양하다니
주님 감사합니다

어린이주일 총연합예배
온 가족 함께 드리는 것도 감격인데
할머니 보고싶어 달려온
귀여운 나의 손자 예온
성가대석에서 안고 예배드리다니
주님 감사합니다.

아기 잠

뚝 뚝 흘린 눈물
아직 볼에 남았는데
찾아온 잠
이기지 못 해
젖은 눈 감고
꿈 길로 가네

엎어져 자다
옆으로 누웠다가
엉덩이 번쩍 들고
이쪽저쪽
고개 돌리며
끄웅끄웅

한 바퀴 돌아
베개에 발 올린 채
입술 오물오물
자기 전 먹은 딸기
꿈 속에서 또 먹네.

잠투정

어스름
토끼등 아래
꼬옥 감은 이쁜 눈
부시럭 부시럭
이쪽 보고 자다
낑낑
반대로 자리 바꾸고
푸우 푸우
더듬더듬
쪽쪽이 찾아 문다
거꾸로 거꾸로
자리 옮겨 눕다
찡찡
짜증내도
토토토
등 두드려주면 다시
코오오
잠드는
사랑스런 두 살 아기 예온.

벌써 그리움

어릴적 다닌 유치원 놀러가
그네 살살 밀어주니
2학년 예나 사르르 눈 감으며
친구들 생각난다 하네

할머니
이 쪽 길 없는 거 같지?
비밀통로 알려줄까?
따라와봐 요롷게 나가는 거야

졸업한 지 2년인데 벌써 그리운
예나의 마음

신나던 정글짐에서
나 잡아 봐라
못 잡는 척하니
손 끝 피해 잘 도망치다
문득 하얀 벚꽃 그늘에 숨는 예나

또 한 장의 사진이 되네.

품안의 자식

내 자식 아프지 않게 해주세요
제가 대신 아프게 해주세요
마흔 넘었어도
내 딸
눈물 흘리는 건 못 봅니다 주님
자식
속태우는 건 못 봅니다 주님
힘들고 어려운 일은 제게 주세요
딸에게는
어려움 닥치면
이길 힘을
넘기 힘든 산이라면
극복할 의지를
고난이 닥치면
뛰어넘을 투지를
눈물 흘린다면
그 눈물을 닦아주세요 주님
제겐 아직도 품안의 자식

눈물 흘리는 것 못 봅니다
못 봅니다.

용서해 주세요

바라보기도 아까운 딸
눈물나게 한 것 용서해 주세요
바르게 양육한다
옳게 교육한다 훈육한다고
눈물 흘리게 한 것 용서해 주세요

나이 어린 철없는 어미
엄해야 하는 줄 알고
그 시절엔 그게 정답인 줄 알고
우매 미련한 어미를 용서해 주세요

이젠 다 자라 내 품을 떠나
다시 어미가 되었네
딸 위한 기도로 밤마다 흘린 눈물
오랜 세월 강을 이루지만
내 눈물보다
딸 눈에서 흘렸을 눈물이
내 가슴 더 깊이 후벼 팝니다

철없는 어미를 용서해 주세요
주님.

서초의 밤

누에다리 초록불이 은색으로 바뀌고
다시 핑크였다가
줄줄이 파랑으로 달리더니
따순 노오란 불이 따라와도
그게 끝은 아니다
다시 또 다시
불빛은 곱게도 바뀌 서로 웃어 비추며
매일 이 다리를 지나는 이나
어쩌다 지나는 이에게도
허리 굽은 리어카나
낙심한 청년에게도
손 내밀어 정다운 빛을 나눈다
응원 미소도 준다
여긴 서초예요
서초 누에다리예요
사랑합니다!
우리 힘내요!
밤새 빛으로 속삭인다

다정히 온기로 등 두드려준다
왼쪽은 앞을 보는 하얀 불빛 오는 줄
오른 쪽은 뒤 붉은 불빛 가는 줄
나란히
가지런히
양 팀 줄 맞추어 땀난 하루를 싣고
누에다리 정다운 빛도 싣고
가뿐 숨으로 퇴근 길을 달린다
내 딸이 사는 서리풀 향 가득한 서초구.

엄마

배움도 짧으신 1911년생 나의 엄마
엄마는 어디서 배우셨어요?

말없이 옆에 있어주는 것으로도
힘이 된다는 것
혼내지 않고 바라보는 것으로도
깨닫는다는 것
한없이 사랑만 해주는 게
사랑의 실천이라는 것
힘들다 어렵다는 말 대신
침묵으로 베푸는 게 사랑이라는 것
눈물로 기도하며 기다리면
꼭 품에 돌아온다는 것
삶의 고통은
참고 이겨내면 기쁨이 된다는 것

지혜로우신 엄마 사는 모습을
일찍 따라 하며 살 것을

그 사랑 매일 받고 살았으면서도
엄마!
나는……

들러리

기다려도 오지 않는 꽁꽁 언 냇가
스케이트 타러 간 오빠 기다리는 일곱 살 막내
한참 후 와서 손 한번 잡아주고
다시 올라가는 신나는 오빠
나는 들러리

교사하던 두 언니 남자 만날 땐
내 손 잡고 아버지 몰래 다방에 간다
무슨 얘기 하는지 나는 모르나
달콤하고 하얀 우유가 맛있는
나는 들러리

교사 언니 따라다니는 남자 선생님
자전거 타고 지나가다가
덜덜거리는 뒤에 태워주고는
땅콩! 땅콩! 하며 내게 지어준 별명
나는 들러리

셋째언니 고등학교 시절
남자친구 만나러 갈 때
동네 뒤 논둑길 내 손 잡고
누가 볼세라 수줍은 데이트
나는 들러리.

엄마 손

언제나 따스하게 감싸주시던
엄마 손
겨울바람 세상바람도
무섭지 않아

엄마 손은 마이다스 손
먹을 것
입을 것
잘 것
늘 풍성히 내게 주시는 엄마 손

궁색함 인색함 전혀 없이
대문 밖 동냥하는 이에게까지
밥상 차려 베푸시던
넘치는 엄마 손

그 엄마 쓰다듬어 키우신 막내딸
엄마 손 요술 손 때문에

평생 세상에 겁 없는
대심녀가 되었네.

큰언니

끝 모르는 어려움 다 이겨내고
고통 슬픔까지 딛고 넘어
먹기도 힘든 시절
큰 돈도 잘 벌고
벌어도 절약하며 근면 검소해

늘 씩씩하고 청청하여
팔팔한 정기로 힘써 일하고
오직 자식 걱정 어머니 사랑으로
2남 1녀 위하여
평생 달렸지

꼿꼿한 걸음 아름다운 미모
온화한 미소 우아한 기품
품위있는 늦은 여든에 젊은이 패기

이제는 고이 날개 접고
햇빛 바람에도 감사하며

디딘 곳 천국 삼아 사는
아름다운 인생
나의 큰언니.

예순 언저리

너무 어렵고 다가가기 힘들어도
대면할 시간 피하지 말 것을
예순 언저리 떠나신 시아버님
옳은 길 성실한 삶
앞서가며 이끌어주셨는데

아프리카 케냐 멀고 멀어도
더 많이 편지랑 e-mail 주고받을 것을
예순 언저리 떠난 내 오빠
학업이 결혼이 사랑이 믿음이 뭔지
나침반처럼 내 인생 선배였는데

소심남이라 결정 앞에 머뭇거릴 때
더 힘차게 응원하며 밀어줄 것을
예순 언저리 떠난 나의 두목
평생 해야 할 사랑 미리 다 쏟아부어
아직도 뜨겁게 내 가슴에 타고 있는데.

제4부

차차

세상에나
단번에 죽으심으로 나를 살리셨는데도
나는 느리게 성화되는구나
차차 성숙하고
차차 이겨내는구나
차차 깨닫고
차차 당도하는구나

단번에 죽으신 그 사랑
나는
너비 길이 높이 깊이 짐작도 못 해
나는
차차 하루하루 매일매일
이루어가네
이루어가네.

지팡이

형질이 생기기 이전 선택하시어
평생 지키신 사랑
그 은총 그 은혜 속
지팡이만 의지하였더니
두 떼를 이룬 야곱처럼
오늘
그 지팡이에 머리 의지하여
경배합니다

오직 하나
이 지팡이로
갈 길을 밝히 보이시고
첩경으로 늘 인도하시며
바위를 쳐 생수가 나게 하시고
홍해를 가르셨습니다

이제
열두 진주문까지

구름기둥 불기둥으로 이끄시며
저 요단을 건너기 위해
지팡이 들고 따릅니다
지팡이 하나 의지하고 따릅니다.

재 대신 화관

먼 길 돌아 돌아
내 품으로 돌아왔네
통곡으로 밤마다
재를 뒤집어 쓰고
쌓은 기도 탑

아무 것도 보이지 않고
응답 없는 메아리만 울리더니
재 대신 화관
재 대신 화관이
내 머리에 있네
내 잔이 넘치나이다.

구별

내가 구별되고
내가 거룩해지는 거

남이 부러워할 만한
소망을 가진 거

내 입술에서 안해도 되는 말
하지 않는 거

사랑가운데 진리를 말하고
거짓을 멀리하는 거

사실이라 하며
내 편견을 말하지 않는 거

내 언행에
사랑이 있나 보는 거.

아침기도

가인의 길로
행하지 않게 하소서
발람의 어그러진 길로
몰려가지 않게 하소서
고라의 패역을 좇아
멸망하지 않게 하소서
애찬의 암초
자기 몸만 기르는 목자
바람에 불려가는 물 없는 구름
죽고 죽어 뿌리까지 뽑힌
열매 없는 가을나무가
되지 않게 하소서.

묵상

가끔은
눈을 감고
산을 향하여
나의 도움이 어디서 올꼬
생각한다

가끔은
눈을 감고
숱한 밤 흘린 눈물의 기도
바라는 것들이 실상이 된 것을
보지 못 하는 것이 증거된 것을
생각한다

가끔은
눈을 감고
천년이 하루 같고
하루가 천년 같음을
생각한다.

눈을 뜨면

놀라지 말아야해
거기
서 있는 나를 보고
놀라면 안돼

반갑습니다
주님 말로만 들었는데
이렇게 뵈오니 정말 반갑습니다
매일 너랑 같이 있었는데?
그러게 말입니다
그래도 반갑습니다
그리스도시요
살아계신 하나님의 아들이십니다

꿈꾸고 그리던 곳
바로 여기
이렇게 불러주시니 감사합니다
웃음만 나와요

정말 정말 좋아요
반갑습니다.

확신

계시지만 보이지 않는
그러나 뜨겁게 일하시는

만질 순 없지만
느낄 수 있어
형상에서
현상에서
우주만 한 사랑임에도
작은 내 속 아시고 아끼시는

늘
언제나
항상
내가 모르는 순간까지도
품어주시는…

문

눈이 부셔서
바라보기 힘든
화려하여
놀라 자빠질 듯한
그
첫째 문 들어서면
하늘 곡조 환영 나팔
귀를 울리고
뛰어나와 안아주실 어머니
달려와 날 부르며 반길 내 오빠
그리고
그리고
나를 얼른 안고 업고
빙빙 돌
나의 두목
두목.

서러움

첫째 딸 낳을 때
임신 내내 군대 가서 남편 없는 서러움
낳을 때도
키울 때도 혼자라
서러움에 겨워 울었다

둘째 딸 낳을 때
또 딸을 낳았다고
집에 오지 않는 남편 서러워
일주일이나 장맛비 홀로 바라보며
서러움에 겨워 울었다

그 두 딸이 지금은
나를 돌보고 비행기 태워
내 보호자가 되어주는데
그것도 못보는 남편 생각
서러움에 겨워 울었다.

큰 大자

기둥처럼 1자로 잔다고
별 사람 다 봤다는 신혼 두목
3자로 자는 두목은 1자가 낯설었다
그래도 나는 1자로 잤다

임신 출산 육아 출퇴근에 점점 지쳐
나도 숫자 3으로 변했다
내가 잘 땐 숫자 3이 또 하나 뒤에 붙어
33하게 톱니가 잘 맞는다

60 넘도록 돌보지 않은 육신
뒤에 붙은 3자 하나 떼어지니
이제 나는 큰 大자로 잔다
이제라도 밤마다 큰 大자로 눕는다.

왜?

서릿발 돋은 어스름 출근길
시린 줄도
어는 줄도 모르고
새벽부터 달린 나보다
날마다 아침에 더 자고
하고 싶은 것
먹고 싶은 것
갖고 싶은 것
다 누리며 살고
운동도 나보다 몇 배 더하여
다리도 무쇠처럼 단단한 이
허약한 나보다
잘 못 먹는 나보다
운동량 적은 나보다
늘 잠이 부족한 나보다

왜
왜 먼저 떠났나?
왜?

하룻길

그대 만나 혼인한
첫날
온 동네 어른 아이 모두 모여
먹고 또 먹는 잔칫날
밤 깊도록 동네 잔칫날
하룻길

그대 먼저 떠나
하얀 이불 덮어주고
아는 이 정든 이 모두 모여
울고 또 우는
마지막 날
밤 깊도록 마지막 날
하룻길.

팔월 끝자락에

팔월 끝자락
태풍 끝 유등천 큰 비 넘칠 때
따라온 진흙 미끄러운데
패랭이꽃
잡초 사이 쓰러져 웃는
따가운 한낮
아침 술에 취한 버릇없는 고추잠자리
아랫도리까지 붉어
앉을까 말까 제 길 못 찾을 때

태권도 검은 띠 180 키 자랑하던 떡벌 어깨
사마귀처럼 긴 다리 그대는
엔젤트럼펫보다 큰 환영나팔 따라
혼자 떠났다
가을엔 가기 싫다던 말대로
가을 오기 직전
팔월 끝자락에……

다시는

베드로성당 그 육중한 기둥 옆
서서 같이 드렸던 기도
다시는 함께 드릴 수 없네

로마의 휴일
그 계단에서 헵번처럼 먹던 아이스크림
다시는 함께 먹을 수 없네

트레비 분수
소원 이루기 동전 던지기 장난
다시는 함께 던질 수 없네

웅장한 설경 속 융프라우
열차타고 후후 먹던 오뚜기컵라면
다시는 함께 먹을 수 없네.

지금도 두목

나 없으니 이제 고생 하지마
내게 시집와서 온 가족 벌어 먹이고
두 딸 키우느라 애썼어
호강시키려고 데려왔는데
무능한 남편이 될지 나도 몰랐어
그래도 나 없이
밥이랑 영양제 과일은 챙겨 먹는지
집 청소는 어떻게 해?
필터 교체 소독 수선은 누가 하지?
추위 더위 타는 이가 냉난방은 어찌 하는지
타는 차에 이상 생기면 어쩌지…
운동 등산 라이딩은 혼자도 잘 하는지
이렇게 추운 날 장갑 토시는 챙기는지
난 궁금해
구름 타고도 오고
눈 오면 눈 따라
비 오면 비 따라
그대 창으로 오지

매일 주님께 부탁도 하지
홀로 못 하는 게 많은 사람이니
주님 도와 주시라고……

약속

홍쌍리 매화
섬진강 벚꽃
구례 산수유
영취산 진달래
대성산 싸리꽃
소백산 철쭉
바래봉 철쭉
영남알프스 억새
오대산 노인봉
해남 땅끝
한라산 백록담
……

해마다 산들은
약속 지켜 다시 피는데
다시 오자던 두목
지키지 못하는 약속.

이별

산책할 때
신발 뒤축 끌리는 소리
이상하다 왜 그러지?

떡 벌어진 어깨 든든한 가슴
어? 사라졌네
언제부터였지?

키 크고 말쑥한 신사복 정장
헐렁해진 바지 늘어진 어깨
왜 옷이 커졌지?

노화의 시작인가 했더니
몰래 숨어 들어온 암
서서히 두목을 내게서 빼앗는 줄 몰랐네.

쓴 오늘을 품고
아픈 어제도 품고
내일이 있다면
어떤 내일도 다 품어야 할
그 한 점

제5부

너그러움

잘 한 것은
생각 안 나
잘 못한 것만
생각나
70년 넘게 살아도
자려 누우면 후회뿐
철들지 못한 채 사는 게
인생일까?

너그럽지 못한 언행이라
탓하지 말자
그게 내 모습일지도……
나처럼
아직도 철드는 중이구나
그렇게 생각해 주자.

밤눈

슥스슥
슥스스슥
누군가 문 두드리는 소리
문 두드리는 분명한 소리

문을 여니
휘이익
거센 바람 먼저 들어오고
따라 들어오는 이 없네?
바람?

아, 저 하얀 눈 눈
눈이었구나
눈이 문 두드려 날 찾았구나
눈아 누구랑 왔니?
누구랑 같이 왔니?
누구랑?

이제는

늦잠좀 자라
게으름도 떨어봐
반바지에 슬리퍼
헝크러진 머리
그저 생얼로
멍때리며 TV도 보고
소파에 길게 누워도 보렴

평생을 걸어온 그 길
하루도 쉼 없이
한 치도 틈 없이
시작 그리고 끝까지
애썼잖아
힘들었잖아

이제는 제발
빈둥거려봐
하루라도.

엊그제

의자 앉자마자
다리 먼저 꼬던 때
엊그제다

눈 쌓인 하얀 겨울
아침을 좋아하던 때
엊그제다

9센티 하이힐에
짧은 치마 입던 때
엊그제다

모자만 보면 사서 쌓아놓고
옷에 맞춰 쓰던 때
엊그제다

겁 없이 두려움 없이
세상을 이길 듯 여장군 기세
엊그제다.

모두 엊그젠데
엊그제 같은데
엊그제가 아니다.

질문 있어요

멀쩡하게 근무 잘 하고 있는데
왜 나를 고발했나요?
난 정말 허물이 없어요
같이 옆에서 걱정해 준 것뿐인데
그게 잘못인가요?

열심히 밤새워 근무하고 있는데
왜 직원이 여자로 보였을까요?
그것도 모자라 갑자기 돌변해서
장기간 나를 괴롭혔나요?
길고 아픈 정신적 고통을 주었나요?

막내로 살다 시집온 어린 신부
왜 매일 찡그리며 혼내나요?
할 줄 모르는 집안일
못하는데 그럼 어찌 하나요?
왜 그토록 못 견디게 학대를 하셨나요?

루틴

40여년 틀 안에서
올빼미가 종달새로 사느라
저절로 밴
억지 루틴

넓은 들판으로 나왔어도
먹고 자고
일하고 운동하고
놀아도 쉬어도
누울 땐 고단한 백수

가끔은
햄버거도 콜라도 라면도 먹고
중천에 해 뜨도록 늦잠도 자고
하루종일 바람처럼 놀아도 보고
세수 않고 외출도 하는
벗어난 루틴
부서진 루틴.

한밭 大田

경부선 칙칙칙 오르는데
호남선도 폭폭폭 가쁜 숨 쉬네
한밭에 머문 정차시간 1분
가락국수 후루룩

기쁜 만남으로 품에 안고
아쉬운 이별로 한 번 더 끌어안고
슬픈 헤어짐으로 흔드는 손
정다운 사람
따스한 추억
나눈 이야기만
철로에 수북해

훗날 다시 만나
부여잡고 품에 안을
따순 한밭 大田.

2024여름

여름은 할 일 했다
여름은 더워야지
더우니까 여름
유달리 더운 2024여름

더위가 뭔지 확실히 보여주었다
나는
긴 날 살아오며
한 번이라도
세상에 확실히 보여준 게 있나?

무박산행

이른 저녁 대전 출발
이야기와 졸음 섞다가
한계령에서 신발 끈 조이고는
랜턴만 믿고 오르는 밤 9시
가빠진 호흡
앞 사람 뒷사람 랜턴 빛 합쳤으나
이내 바윗길만 보이네
한 걸음 두 걸음
인적도 점점 줄어든 길
오를수록 느려지는 속도
오직 지도와 나침반으로
하나 하나 점을 찍는다

김밥도 간식도 먹고
물 마시다 보는 하늘 끝
어스름 일출이다
감동도 잠깐
계속 전진 전진이다

대청봉!
지금 설악산이 모두 내 것
양팔 벌려 힘껏 하늘을 찌른다

더 힘든 하산 길
조심 또 조심
머리 위 햇빛이 뒤로 가다
발 밑 떨어지기 전
한 발 한 발 하루해가 눕는다

다시 돌아와 밟는 익숙한 대전
휴.

이별의 곡

그리웠던 그 음률
주차 후 시동 못 끄고
음악감상실
눈감고 보는 음표들
그 음표에 맺힌 송이송이 이야기들
세차게 내리는 빗줄기도 귀기울여
비도 내 마음 같다며
떠나가면 어이하리~~
피아노 선율따라 차창에 머무네

어제와 같은 일상
이어지는 시간 속
젖은 음표들
오늘의 감동을 바삐 차창으로 나르네
쇼팽의 연습곡 Op.10번중 3번 이별의 곡

떠나가면 어이하리
언제 다시 만나려나

아!
나의 순정을 잊지 마소서~

서로 다른 시공

2024년
183일이 지나고
183일이 남은
이육사의 청포도 7월

마음 깊이 모시고 살던
스승 두 분과 헤어진 봄
아픔이 크다
그나마 다행스러운 건
떠나시기 전
자주 찾아 뵙고
위로 나누다니……

시공을 달리 한다는 건
잘은 모르지만
무조건
슬프고 아프다
멍하니 가슴이 멈췄다
7월이 왔는데도……

우리의 소원은

바사왕 고레스에게 하시듯
북한
러시아
중국에도
그리하시옵소서

피 없이
하나님의 손으로
화목을 이루소서

우리의 소원은
통일입니다
통일
평화통일입니다.

즐거움

잠깐 외출할 때에도
묵직한 가방
갑자기 필요할지 몰라서
주섬주섬
무거워라

해외여행 갈 때엔
더욱 큰 가방
질질 무거워 끌며
혹시 몰라 또 주섬주섬
무거워라

정말 기대되는 가벼운 곳
내 육신까지도 두고
영혼만 가니
홀가분한 그 곳
가벼운 즐거움.

입

나는 네가 싫었어
미소지어도 밉고
옆으로 보아도 밉고
육십 여년 먹는 일에 쓴 너
난 단 한번도
좋아하지 않았어
아니 널 미워했어

미안하다
너로 40년간 교단에서 가르치고
인성교육을 했고
사랑을 나누며
너 때문에 무사히 정년퇴직 하는데
귀한 널
너무 오랜 세월
미워했구나
미안해 미안해.

꽃다발을 드립니다

눈물 속에 힘들었어도
쓰러져 일어나기 어려웠어도
삶이 고통스러웠어도
질시 모욕 손가락질 속에서도
……
버텨온 당신
이겨낸 당신
굳굳하게 달려온 당신
그 누구도 원망할 줄 모르고
오로지 스스로 책임을 다하며
당연히 내가 가야할 길
내가 져야할 짐이라 믿고
앞만 보고 뛰어온 당신
이제
가시만 남았지만
손 끝이 닳았지만
무릎이 시고 허리 굽었지만
……

당신에게 꽃다발을 드립니다
가장 위대한 당신
어머니라는 이름
세상의 모든 어머니
어머니
당신에게 꽃다발을 드립니다.

직원 여행

하루도 떨어지기 싫어하는 이
억지로 떼어놓고
불안한 마음으로 떠난 1박2일 직원여행
파도소리 들리는 해변식당
저녁식사 시간
찌르찌르찌르 내 폰이 울린다
받아보니 느닷없이 들리는 노래소리
바닷가에 모래알처럼 수많은 사람 중에~~
바다를 보고 있는 듯 부르는
두목의 노래
같이 먹던 직원들 동그란 눈
어머나 어머나!
전직원 커피 사라고 준 봉투 꺼내니
어머나 어머나!
저 쪽 끝자리 앉은 신혼 여선생님
갑자기 고개 꼬고 전화하네
나 노래 불러줘 어서 바다노래 불러줘
우린 밥 먹다 모두 웃었다.

인생

쓰디쓴 입맛 다시며
다시 보지 않을 듯 돌아섰지만
그것도 내 인생인 것을

아파서 몸부림치며
벗어나기를 고대했지만
그 순간도 내 인생

쓴 오늘을 품고
아픈 어제도 품고
내일이 있다면
어떤 내일도 다 품어야 할
그 한 점

점점이 이어져
선
그 선이 인생
귀한 인생이기에
그게 바로 귀한 것.

축제

오늘이 바로 축제 날입니다
축제 프로그램을 안내합니다
1. 기도, 체조입니다
2. 영어공부 후 조식시간입니다
3. 간단한 청소, 빨래가 있습니다
4. 성경통독 후 댄스나 헬스 중 택일입니다
5. 햇빛 걷기 후 중식시간입니다
6. 플루트연주가 이어지겠습니다
7. 출근하세요, 알바시간입니다
8. 저녁식사 후 수영장 다녀오겠습니다
9. 산책 8000보 채우시면 성경통독 합니다
10. 일기와 시 쓰고 취침입니다
이것으로 안내를 마칩니다
지금부터 신나게 축제를 즐기시기 바랍니다.

> 작품
> 해설

주은희 시에 나타난 생략과 침묵의 의미

星山 **도한호** 시인

서론: 시인이 말하지 아니한 이야기를 찾아서

주은희 시인의 시에는 '사연'이 있다. 그의 시는, 어떤 정황이나 사물, 푸념, 흘러간 시절에 대한 회한 등을 단순묘사한 것처럼 보이는 부분이 있지만, 그 이면에는 시인이 말하고자 하는, 말하지 않은, 이야기가 감추어져 있다.

이 시집의 첫 시 「강江」은, 강물이 수많은 골짜기와 구릉을 지나며 흐르는 정경을 단순 묘사한 것처럼 보인다. 독자는, 그 단순함 속에서 시인이 말하지 않은 '이야기'를 찾아야 한다.

> 흘러간 강물은
> 돌아오지 않는다
>
> ―「강」 부분

흘러간 강물이 다시 돌아오지 않는다는 것을 모르는 사람은 아무도 없을 것이다. 이 시를 읽으면서, 해설자는, 발레리의 "바람이 분다. 나는 또 죽음을 생각해야지"라는 싯구(詩句)를 생각했다. 발레리는 "나는 죽음을 생각해야지" 하고 속내를 드러냈지만, 주은희는 그 부분을 생략한다. 시인은, 왜 강물이 돌아오지 않는다고 말해야 하는지, "왜"를 생략했다는 말이다. 이와 같은 "생략"은 주 시인의 시, 「서초의 밤」에도 적용되었다.

> 누에다리 초록 불빛이 은색으로 바뀌고.
> 다시 핑크였다가
> 줄줄이 파랑을 달리더니
> ―「서초의 밤」 부분

이 시는, 서초구에 있는 누에다리와 형형색색의 불빛을 뚫고 다리 밑을 질주하는 차량과 인근의 아름다움을 그린 시이다. 그런데, 알고 보니 누구인가, "땀난 하루를 싣고/ 정다운 [불]빛도 싣고/ 가쁜 숨으로" 퇴근길을" 재촉하는 사람들이 그 다리 밑을 지나고 있다. 시인이 말하는 그 사람은 시인의 딸이다. 그러나 시인은, 발레리가 "바람이 분다", 하고 이어서 "나는 죽음을 생각할 것이다" 하고, 시원하게 말한 것처럼, 누에다리의 야경이 눈부시게 아름답다고 하면서도, 지금 내 딸이 그 다리를 지나오고 있다고는 말하지 않았다.

이 시의 마지막 행에서까지 시인은 직설적으로 "그것은

내 딸이다" 하지 않고, "내 딸이 사는 서리풀 향 가득한 서초구"라고 에둘러 간접적으로 말한다. 주은희의 시의 구조를 그리다 보면 직설적이고 단순해 보이는 문장 속에 감추어진 시인의 '외침'이 무엇인지 궁금해질 때가 종종 있다.

시인은, "내 딸이 지금 피로한 일과를 마치고 불빛 찬란한 초저녁의 누에다리를 지나, 모처럼 딸네 집을 방문한 어머니가 기다리는 집으로 달려오고 있다"고 말하고 싶었을 것이다. 그러나 시를 그렇게 풀어쓰면 무슨 보고서나 신문기사이지 시가 되지는 못할 것이다. 또한, 그것은 시인이 말할 것이 아니라, 독자가 찾아내야 할 부분이기도 하다.

주은희 시인은 평생을 교육에 헌신하고 교장 근무를 끝으로 명예롭게 은퇴한 선생님이시다. 일찍이 1998년에 월간 『문학 21』을 통해 시인으로 데뷔하고 창작활동을 시작해서 『남촌서 부는 바람』(2022)과 『오늘 새 길』(2023)에 이어, 세 번째 시집으로 『내 보물찾기』를 상재하는 것이다.

내 보물을 찾아서

이 시집은, 다섯 부분으로 구성되었다. 제1부에 수록된 열다섯 편의 시는, 계절과 꽃과 자연을 묘사한 시편이다. 1부에는 이 시집의 제목 된 「내 보물찾기」가 수록되었다. 「내 보물찾기」는 두 연으로 구성되었는데 삶의 애환을 그린 전반부, 즉 1연을 생략하고 2연을 게재하고자 한다. 그의 시 「내 보물찾기」는 이렇게 말한다.

> 모두
> 이리 곱다면
> 모두
> 이리 빛이 난다면
> 인생이 다
> 보물인 줄 알았더라면
> 그렇게
> 아파하지 말 것을
> 그렇게
> 눈물 흘리지 말 것을
>
> —「내 보물찾기」 2연

이 시의 전반부에는, 고통과 간난의 기간도 소중한 인생의 일부였는데, 그 소중함을 모르고 괴로워하고 슬퍼하며 보낸 것에 대한 회한이 그려져 있고, 후반부에서는, 보는 것처럼, 한 걸음 더 나아가 그것이 바로 자신의 보물이었다는 사실을 깨닫고 곧 뉘우친다. 시인은 인생의 고귀한 보물을 귀한 줄 모르고, 실망하고 아파하고 눈물 흘리며 보내버렸다고 고백한다. 시인은 지금 자신의 늦은 깨달음을 안타까워하는 것이다.

제2부를 여는 시는 복음서의 저자인 「마가」이며, 이어진 「아말렉」, 「기도」, 「85세 갈렙」, 「임마누엘」 등 19편의 시는

모두 성경과 기독교 신앙과 직접적인 신앙고백이다, 2부의 시편 가운데는 평생을 교육자로 목사 사모로 살았던 시인의 신앙고백을 그린 겸손과 회개의 시편이다.

> 세상을 향한 삼손
> 압살롬의 긴 머리
> 하만의 자랑
> 물고기 뱃속의 요나
> 우직한 베드로 세 번의 부인
>
> 다 바로 접니다
> 다 제모습입니다
> 흐르는 눈물
> 울었더라
> 울었더라
>
> —「울었더라」 전체

「울었더라」는, 예수께서, 베드로가, 다른 제자들이 다 주님을 떠날지라도 나는 결단코 떠나지 않겠다고 호기를 부릴 때, "베드로야, 네가 오늘 밤 닭이 두 번 울기 전에 세 번 나를 부인하리라" 하신 말씀이 생각나서 전전긍긍하고 있다가, 닭이 두 번 우는 소리를 듣고 밖에 나가 홀로 우는 모습을 본 마가가, 그의 복음서(14:72)에 베드로가 "울었더라"라고 기록한 말이다. 「울었더라」는 진정한 회개를 말하는 시이다.

제2부는, 예루살렘 교회의 집사 빌립이 에티오피아 내시에게 전도한 사도행전 이야기를 통해 선교의 사명을 깨우쳐주는 시이다. 「기억하라」로 끝나는 제2부의 시는 대부분 회개와 바른 삶을 강조한 경건한 시편이다.

제3부는, 손자 예온의 재롱으로부터 시작된다.

> 억지로 웃어야만
> 생기는 미소
> 평생 강 건너다 웃음 잃은 할머니
> 그냥 웃고
> 보면 웃고
> 자꾸 웃고
> 또 웃는 아기 예온
> ― 「아기는 선생님」 전반부

이 시는, 어머니로서 자녀를 기르면서 겪은 기쁨과 절망의 순간들, 딸이 손주를 기르면서 고통과 절박함을 극복하고 굳건하게 살아가는 모습, 귀엽게 자라는 손주를 보는 할머니가 그리는 감동적인 이야기를 쓴 시편이다. 손주 예나 예온은 귀염둥이요, 떼쟁이면서 때로는 선생이 되어 할머니를 가르친다. 할머니는 가르침을 받는다.

3부의 끝부분에는 「큰언니」라는 시가 있다. "끝모르는 어려움을 이겨내고/ 고통 슬픔까지 딛고 넘어/ 먹기도 힘든 시절/ 큰돈도 잘 벌고/ 벌어도 절약하며 근면 검소해"로 시작된 이 시는, "이제는 고이 날개 접고/ 햇빛과 바람에도 감사하며/ 디딘 곳 천국 삼아 사는/ 아름다운 인생/ 나의 큰언니." 이 시는, 집안 어른이 된 큰 언니를 어머니같이, 가장같이 존중하며 자랑하는 멋진 작품이다.

시, 「차차」로 시작되는 제4부는, 「천로역정」의 한 장을 읽는 것 같다. 두 번째 시, 「지팡이」는, 무릇 신자는 모세의 지팡이를 가지고 사는 능력자들이라는 위안을 말하며, 하나님의 부르심으로 성별(聖別)된 신자의 삶, 아침기도와 묵상 등을 노래하고, 후반부의 「서러움」, 「큰 大자」, 「다시는」, 「지금도 두목」, 「약속」, 「이별」 등의 시는 하늘나라로 떠난 부군에 대한 애틋한 사랑과 추억을 주제로 한 시편들이다.

시인은 부군을 잃은 슬픔을 고백한 시, 「서러움」 다음 페이지에 「큰 大자」 같은 유머러스한 시를 게재했다. 시인의 여유로움을 보여주는 편집이다. 4부는, 건장하던 부군이 모르는 사이에 암에 걸려 투병 중에 쇠약해 가는 과정을 그린 「이별」로 끝맺는다. 시인은 그 절박했던 시기를 이렇게 그렸다.

키 크고 말쑥한 신사복 정장
헐렁해진 바지 늘어진 어깨
왜 옷이 커졌지?

노화의 시작인가 했더니
몰래 숨어들어온 암
서서히 두목을 내게서 빼앗는 줄 몰랐네.
─「이별」 3~4연

  주 시인은 생전에 부군을 '두목'이라고 부르며, 교직과 목회로 분주한 하루하루를 살면서도 행복한 가정을 이루었다. 독자가 주목해야 할 것은, 제5부가 「너그러움」이라는 첫 시로 시작한다는 점이다. 시인은 너그러움을 말하는데, 너그럽게 대해 줄 대상이 사라졌다. 그래서 시인은 바람 소리에도 귀를 기울인다. 그래서 시인은 「이제는」 기계처럼 돌아가는 삶의 궤도에서 벗어나 자유롭게 살자며 자기 최면을 건다. 그리고, 삶의 영욕과 희로애락이 모두 「엊그제」 지나간 일임을 깨닫는다.

의자 앉자마자
다리 먼저 꼬던 때
엊그제다

9센티 하이힐에
짧은 치마 입던 때
엊그제다

겁 없이 두려움 없이
세상을 이길 듯 여장군 기세

엊그제다

모두 엊그젠데
엊그제 같은데
엊그제가 아니다

— 「엊그제」 부분

보는 바와 같이, 끝 연에 반전이 있다. 그러나, 이 끝 연의 '엊그제'는 흘러간 세월을 부정하거나 그것이 계속되고 있다는 의미가 아니라, 시인이 미처 세월의 속도를 따라가지 못해서, 아직 시인의 일부가 과거에 머물러 있다는 의미로 해석해야 할 것 같다.

「2004년 여름」, 「무박산행」, 천국에 갈 때는 여행 가방이 필요 없을 것이라는 시 「즐거움」, 재미있는 시 「입」, 어머니에 대한 애틋한 사랑을 그린 「꽃다발을 드립니다」, 인생에 대한 관조(觀照)를 그린 「인생」 등은 시인의 생애와 생각을 그린 좋은 시편들이다.

마지막 시로 올린 「축제」는 축젯날 하루 동안의 행사를 단순나열한 것처럼 보이지만, 이 시는 사람의 한 생애를 축제의 하루에 비유한 시이다. 시인은, 기도와 체조로 시작해서 일기 쓰고 취침하기까지 축제의 하루 행사 열 가지 항목을 나열했다. 이 시는, "인간의 한 생애도 이와 같을지니," 하고 외치고 있다.

주은희 시의 특징 몇 가지를 제시하는 것으로 해설을 마감하고자 한다.

첫째로, 주은희의 시는 간결하고 재미가 있다.

다음으로, 주은희는 쉬운 시어(詩語) 속에 깊은 의미를 숨겨놓았다.

셋째로, 주은희의 시에는 신앙인으로서의 도덕성과 신성한 의무가 기본으로 깔려 있다.

그리고, 주은희의 시는 독자에게 감동과 깨우침을 준다.

주은희 시인이 찾은 보물은 무엇일까?

해설자의 판단으로는 인생의 애환이다. 슬펐던 일, 억울해서 눈물 흘린 일, 속상해 잠 못 이룬 수많은 밤들, 병과 죽음 등등, 시인의 보물은, 아마 이와 같은 삶의 조각들이 아니었을까? 우리는 정확한 해답을 시집의 서문에 해당하는 「시인의 말」에서 발견한다.

철없이 지나온 모든 선택과 나의 길
바로
그 순간과 시간들이
다 보물이었던 걸

그렇다면, 지금까지 우리가 찾아 헤맨 보물찾기는 성공적

이었다. 시인은 침묵하지 않고, 감추고 있던 속내를 드러내 보물 보자기를 풀어주었다. 이 시집이, 여러 독자의 손에 들려서, 그들의 삶 속에서도 인생의 귀한 보물을 찾아내기 바란다. 감사합니다.

이든시인선 147
내 보물찾기
ⓒ 주은희, 2024

발행일	2024년 10월 20일
지은이	주은희
발행인	이영옥
펴 낸 곳	도서출판 이든북
출판등록	제2001-000003호
주 소	대전광역시 동구 중앙로 193번길 73
전화번호	(042)222-2536	팩스(042)222-2530
전자우편	eden-book@daum.net
카 페	https://cafe.daum.net/eden-book
공 급 처	한국출판협동조합
	전화 (02)716-5616 (031)944-8234~6

ISBN 979-11-6701-311-8 (03810)
값 11,000원

* 이 책의 판권은 지은이와 이든북에 있습니다.
* 이 책 내용의 전부 또는 일부를 재사용하려면 반드시
  양측에 서면 동의를 받아야 합니다.